Etienne-François Bazot

VOCABULAIRE DU FRANC-MAÇON

Books On Demand

Copyright © 2020 Etienne-François Bazot (domaine public)
Édition : BoD – Books on Demand, 12/14 rond-point des Champs-Élysées, 75008 Paris.
Impression : BoD - Books on Demand, Norderstedt, Allemagne.
ISBN : 9782322242900
Dépôt légal : Octobre 2020
Tous droits réservés

VOCABULAIRE DES FRANCS-MAÇONS

A

ABRÉVIATION. Les abréviations s'emploient en écrivant maçonniquement. *Voyez* MYSTÈRES.

ABSENCE. Un frère ne peut s'absenter de la loge que par le fait de circonstances majeures, et, dans ce cas, pour ne point être passible des amendes, ou de la perte des jetons, il doit en prévenir le véne∴.

AFFILIATION *ou* **AGRÉGATION.** Un Franc-Maçon membre d'une Loge régulière, peut demander à être affilié ou agrégé à une autre Loge ; mais il ne peut l'obtenir que d'après le consentement de la Loge à qui il appartient.

AFFILIATION LIBRE. Elle s'accorde à un Maçon étranger qui a rendu des services à une loge, ou qui, par une raison quelconque, a mérité son amitié et ses égards ; elle s'accorde de droit aux Membres des loges *affiliées*.

L'affiliation libre étant une récompense ou une faveur, ne doit point être demandée par celui qui a droit d'y prétendre ; l'élan général ou la provocation individuelle est la seule manière de la faire prononcer.

L'affilié libre est membre de la loge, mais il n'a que voix délibérative ; il ne paye aucune cotisation et ne peut être promu à aucun office.

ALIGNER. Mot usité en travaux tenue de table, c'est ranger sur une même ligne les *canons* et les *barriques*.

ANNÉE MAÇONNIQUE. Elle date de l'âge du monde. Au lieu de dire l'an 1810, on dit : l'an 5810. L'année vulgaire part du premier janvier ; l'année maç∴. part du premier mars.

VOCABULAIRE DES FRANCS-MAÇONS

APPRENTI. Premier grade de la maçonnerie.
ARCHITECTE VÉRIFICATʳ. Officier de loge. (*Voyez ses fonctions aux règlements ci-après.*
ARCHITECTURE. *Voyez* LIVRE D'ARCHITECTURE.
ARCHIVES. Les archives d'une loge se composent de la charte constitutionnelle délivrée par le G∴ O∴, des statuts et règlements généraux, de ceux particuliers de la loge, des comptes arrêtés ; des quittances et pièces d'architecture imprimées ou manuscrites qui y sont renvoyées.
ARCHIVISTE. Frère dépositaire et conservateur des archives.
ART ROYAL. Qualification honorable qu'on donne à la franche-maçonnerie, à cause-de sa noble origine,
ASSEMBLÉE. Réunion de francs-maçons en loge ou en comité.
ASSENTIMENT. Consentement à une chose proposée. L'assentiment se donne en levant un peu la main et en la laissant retomber sur la cuisse.
ASSOCIATION. On dit la franc-maçonnerie est une *association d'hommes sages et vertueux.*
ATELIER. Même signification que loge. En écrivant, on l'exprime ainsi : R∴ At∴.
ATTOUCHEMENT. Signe manuel indispensable pour reconnaître un maçon. Chaque grade a un attouchement particulier.
AUGMENTATION DE GAGE, ou de **GRADE,** ou de **PAYE** ou de **SALAIRE.** C'est élever un maçon en grade.
AUMÔNIER ou **HOSPITALIER.** Officier de loge. (*V. ses fonctions aux règlements ci-après.*)
AUTEL. Table de forme religieuse placée devant le vénérable. On met sur l'autel un chandelier à trois branches, un glaive, un compas, un exemplaire des règlements de la loge. Les récipiendaires les affiliés les officiers de la loge prêtent au pied de l'autel les obligations que le vénérable réclame d'eux selon les circonstances.

B

BAISER DE PAIX. Marque d'amitié ou de réconciliation entre deux frères.
BANDEAU. Mouchoir que l'on met sur les yeux du récipiendaire lors de sa réception.
BANQUET. Repas maçonnique dans lequel on boit avec des cérémonies particulières.
BANNIÈRE. Enseigne sur laquelle sont peints les attributs de la loge.
BARRIQUE. On donne ce nom, dans les banquets, aux bouteilles ou carafes. On dit barrique de poudre forte, de poudre faible ; etc. Aligner les barriques.
BIJOU DE LOGE. Le bijou particulier adopté par la loge se porte suspendu au côté gauche.
BIJOUX DE L'ORDRE. Ce sont l'*équerre* attachée au cordon du vénérable, le *niveau* au cordon du premier surveillant, la *perpendiculaire* au cordon du second, etc.
BIJOUX DES GRADES. Ils caractérisent les divers grades de la franche-maçonnerie. Les maîtres portent une équerre et un compas. Les grades supérieurs ont les bijoux qui les distinguent.
BLANC. C'est la couleur caractéristique des apprentis dont, le tablier et les gants sont blancs.
BOITE DES PAUVRES. *Voyiez* TRONC DES PAUVRES.

C

CALENDRIER MAÇONIQ∴ : Il s'imprime tous les ans par les soins du G∴ O∴ de France ; il contient le nom maçonnique de chaque mois, donne connaissance de la situation du G∴ O∴ dans sa composition et dans ses

VOCABULAIRE DES FRANCS-MAÇONS

attributions générales, présente, par ordre alphabétique, l'état des loges et chapitres en activité, en instance, en suspension de travaux de tous les orients de l'Empire français, etc.

CANONS. On appelle ainsi les verres. Charger les *Canons*, c'est remplir les verres de vin ou de liqueur. Aligner les *Canons*, c'est les placer sur une même ligne. Ces locutions sont en usage dans les banquets.

CANTIQUE. Chanson maçonnique.

CARACTÈRES MAÇONNIQ∴ : Caractères propres aux maçons et qui sont connus d'eux seuls.

CERTIFICAT. Attestation de lige que le porteur est digne de l'amitié et de la considération des loges qu'il peut visiter, ou des maçons dont il réclame quelques services.

CHAÎNE. Former la chaîne, c'est lorsque tous les frères se réunissent en cercle, se tenant chacun par la main en signe d'union. À la fin de chaque assemblée d'apparat et surtout des banquets, tous les frères, les servants compris, forment la chaîne, et se donnent les uns aux autres le baiser de paix.

CHAMBRE DES RÉFLEXIONS. C'est un lieu souterrain, entièrement peint en noir, avec quelques figures de dépouilles humaines faiblement éclairé par une lanterne incrustée dans le mur, recouverte d'un transparent sur lequel on lit des pensées philosophiques et des sentences morales.

CHAMBRE DU MILIEU. C'est la chambre des maîtres.

CHARGER. *Voyez* CANONS.

CLANDESTIN, INE. Temple clandestin réunion clandestine. C'est ainsi que les maçons réguliers qualifient les assemblées maçonniques qui ne sont point avouées par le Grand-Orient.

COLONNES. Elles sont au nombre de deux dans l'intérieur du temple et s'étendent de l'occident à l'O∴ Sur celle du Nord est incrustée la lettre initiale J. Sur celle du Midi, la lettre B.

COMITÉ. Assemblée ou tenue, de famille pour délibérer sur les affaires particulières de la loge.

VOCABULAIRE DES FRANCS-MAÇONS

COMMISSION. Députation de frères chargés, par la loge, de remplir une mission quelconque, soit auprès d'une autre loge, soit auprès d'un ou plusieurs frères. Il y a aussi dans la plupart des loges une *commission administrative* permanente, qui souvent est composée de sept membres ; des cinq officiers dignitaires, du trésorier et de l'architecte-vérificateur. Elle s'occupe de tout ce qui est relatif à l'administration de la loge ; elle prend les renseignements nécessaires sur les profanes proposes et sur les frères pour qui on a demandé l'affiliation ; elle examine toutes les réclamations ; tous les projets ; elle fait son rapport sur ce qui veut un examen préalable et exécute les décisions de la loge.

COMPAGNON. Deuxième grade de la maçonnerie.

CONGÉ LIMITÉ. Permission de s'absenter momentanément de la loge. Le frère qui obtient ce congé est, suivant les règlements particuliers de sa loge, tenu ou dispensé de payer ses cotisations, ou partie d'icelles.

CONGÉ INDÉFINI. Ce congé ne s'accorde que dans les cas extraordinaires, soit d'une maladie, soit d'un voyage dont le terme ne peut être prévu ; mais pour l'obtenir il faut avoir payé ses cotisations exactement. Le *congé indéfini* exempte de toutes charges pendant sa durée.

CONSTITUTIONS. Patentes que le G∴ O∴ délivre à une loge, après avoir fait inspecter ses travaux par trois officiers en exercice, s'être assuré de sa bonne composition et avoir régularisé ses travaux par une installation solennelle.

CONTRIBUTIONS. Elles ont lieu quand les dépenses excèdent les revenus de la loge, ou pour exercer un acte de bienfaisance.

CORDONS. Les cordons indiquent les grades maçonniques qu'on a reçu régulièrement, ou la désignation de l'office dont on et chargé dans la loge.

COTISATION. Somme annuelle que les frères payent pour faire face aux dépenses des tenues, loyers, etc. Il est d'usage de la payer d'avance ou par trimestre ou par mois.

COUVREUR. Les fonctions de ce frère sont de veiller à la sûreté du temple, et de n'en accorder l'entrée que sur l'ordre du vénérable.

VOCABULAIRE DES FRANCS-MAÇONS

COUVRIR LE TEMPLE. C'est en fermer les portes après s'être, assuré que les profanes en sont écartés.

Lorsque le vénérable dit à un frère de *couvrir le temple*, c'est lui ordonner de sortir de la loge.

D

DÉCORS. Ce sont les tabliers, cordons et bijoux qu'on porte en loge,

DELTA. Triangle lumineux : image de la puissance suprême. *Dieu* ou *Nature*.

DÉPUTÉ AU GRAND OR∴ Cet officier est chargé de représenter la loge qui l'a nommé, de veiller à ses intérêts et de soutenir l'honneur de ses membres collectivement ou individuellement. Les députés des loges de Paris, peuvent remplir un autre office dans leur loge.

DÉPUTÉ DE LOGE À LOGE. Lorsque deux loges ont entre elles des relations particulières et intimes ou qu'elles sont affiliées, elles nomment réciproquement un député, qui assiste régulièrement aux séances de la loge amie. Ce député est toujours placé à l'orient ; il n'a que voix consultative.

DIACRE. Les loges écossaises ont deux diacres. Le premier est placé à la droite du vénérable, et transmet ses ordres au premier surveillant. Le second est à la droite du premier surveillant et transmet les ordres qu'il a reçus au second surveillant.

DIGNITAIRE. Ce mot ne s'applique qu'aux cinq premiers officiers de la loge, qui sont le vénérable, les deux surveillants, l'orateur et le secrétaire général.

DIPLÔME DE LOGE. Ce diplôme donné sur parchemin, est irae invitation authentique à toutes les loges, d'accueillir le frère qui en est porteur après s'être assuré qu'il est bien le même qui a signé au *ne varietur* ; il atteste ses grades et doit être revêtu des signatures des officiers et des membres de la loge, du timbre et du sceau.

DIPLÔME DU GR∴ OR∴ Ce diplôme est, pour son objet, semblable à celui de loge ; mais il a l'avantage ; pour les frères voyageurs de leur procurer plus facilement l'entrée des loges des O∴ étrangers. Les diplômes des grands orients étrangers ont la même faveur en France.

DON GRATUIT. C'est une somme que les loges payent annuellement au grand orient de France. Cette somme est déterminée par les loges suivant le nombre de leurs membres et leurs facultés pécuniaires. Les loges constituées depuis que les nouveaux statuts et règlements généraux de l'ordre sont mis en vigueur, doivent au terme de ces mêmes statuts et pour remplir les obligations qu'elles ont contractées, payer 3 fr. par membre actif porté sur leur tableau. Les frères qui se trouvent absents de l'O∴ ou en congé, sont exemptés de cette cotisation.

DRAPEAU. On appelle ainsi la serviette dans les banquets.

E

ENTRÉE DU TEMPLE. Donner l'*entrée du temple*, c'est y laisser entrer tout maçon lorsqu'il est reconnu régulier, et porteur d'un diplôme, s'il est visiteur.

ÉPREUVES. Moyens mystérieux employés pour connaître le caractère, l'esprit et les dispositions du candidat.

ÉTOILE FLAMBOYANTE. Cette étoile extrêmement lumineuse, placée au centre de l'orient, est infiniment précieuse aux maçons ; ils l'honorent comme le symbole de la divinité.

ÉTOILES. Bougies qui éclairent matériellement le temple.

EXPERTS. Ces officiers remplacent de droit les trois premières lumières. Une loge un peu nombreuse nomme sept experts. Le premier tuile les visiteurs, le second prépare et conduit les candidats ; le troisième veille à la sûreté intérieure du temple ; les quatre autres remplacent les trois premiers, ou occupent d'office les places des autres officiers absents.

F

FAUX FRÈRE. Maçon qui trahit ses serments.

FÊTES DE L'ORDRE. Il y en deux par an ; elles se célèbrent à la Saint-Jean d'été et à là Saint-Jean d'hiver : elles sont d'obligation pour tous les membres de la loge.

FONDATEURS. Frères qui ont fondé et établi une loge.

FRÈRE. Nom que les maç∴, quels que soient leurs rangs, se donnent en loge et en s'écrivant.

FRÈRES-A-TALENTS. On appelle ainsi tout franc-maçon *peintre*, *décorateur*, *musicien* ou autres frères qui peuvent, par l'exercice de leurs talents respectifs, se rendre utiles à la loge. On les exempte ordinairement de la rétribution de l'initiation, de l'affiliation et des cotisations.

FRÈRES SERVANTS. Leur occupation, est de porter les pl∴ de convocation, de décorer le temple ; de faire le service de la table, et généralement toutes les œuvres de la domesticité.

Pour le service de la loge, ils sont spécialement aux Ordres au vénérable et de l'architecte vérificateur. Indépendamment des gages qui leur sont alloués, il est d'usage de leur accorder une rétribution à chaque réception ou affiliation, et une gratification les jours de fêtes et d'étrennes. Les *frères servants* reçoivent gratuitement tous les grades.

G

GAGES. *Voyez* AUGMENTATION DE GAGES.

GARDE DES ARCHIVES. Officier de loge. (*Voir ses fonctions aux règlements ci-après.*)

GARDE DES SCEAU ET TIMBRE. Officier de loge. (*Voir ses fonctions aux règlements après.*)

GLAIVE. Signifie épée. Chaque frère en a un à la main pour la réception des visiteurs, et au moment où le récipiendaire va recevoir la lumière ; il doit être hors du fourreau. Dans les banquets on donne le nom de *glaives* aux *couteaux* de table.

GRADES. Leur réunion forme l'ensemble de la franche-maçonnerie. Chaque grade a ses mots, signes et attouchements, son costume et son décor. Les trois premiers grades sont les plus essentiels. L'initiation au troisième grade suffit pour aspirer à la dignité de vénérable.

GR∴ ARCHITECTE DE L'UNIVERS. Expression figurée dont les Francs-Maçons se servent ; sait en écrivant, soit en parlant pour dire *Dieu*.

GRAND ORIENT DE FRANCE. C'est une assemblée générale des députés de chaque loge régulière, qui ont reçu le pouvoir de régir l'ordre ; il réunit tous les pouvoirs. À lui seul appartient de constituer des loges et des chap∴ en leur expédiant des chartres analogues à leurs connaissances et à leur rite.

La direction des travaux du G∴ O∴ est confiée à 169 membres nominés parmi les députés des loges et des chap∴, y compris les membres honoraires qui font aussi partie de sa composition.

Le G∴ O∴ ne traite dans ces assemblées que des affaires qui intéressent l'ordre en général ; pour les autres affaires, il se subdivise en 6 ateliers particuliers, savoir : Une G∴L∴ d'administration : Une G∴ L∴ Symbolique : Un G∴ Chap∴ : Une G∴ L∴ de Conseil et d'Appel : Une G∴ L∴ des Gr∴ Experts : Un Directoire des Rites.

H

HONNEURS. On accorde l'entrée du temple avec des *honneurs* aux officiers et membres du G∴ O∴, aux vénérables, aux députations de loges et aux frères revêtus des hauts grades on les fait placer à l'orient.

VOCABULAIRE DES FRANCS-MAÇONS

HOSPITALIER. *Voyez* AUMÔNIER.

HOUPPE DENTELÉE. Cordon ayant à chacun de ses bouts une houppe de soie couleur d'or, qui entoure le pourtour de la partie supérieure du temple. Cette décoration exprime le lien de fraternité qui lie tous les francs-maçons.

HOUZE. C'est le, cri ; de joie des maçons du rite écossais. On le dit trois fois.

I

INITIATION. Admission aux mystères de la franche-maçonnerie.

INSTALLATION. Lorsqu'une loge a obtenu ses constitutions on procède à son *installation*. À Paris, le Grand Orient lui envoie à cet effet officiellement trois commissaires munis de pouvoirs, pour présider les travaux, faire lecture à haute voix des pièces requises, recevoir le serment de tous les membres portés sur le tableau et la proclamer loge régulièrement constituée. Dans les départements, c'est une loge du même orient, ou des environs, la plus ancienne en tour, qui remplit les mêmes formalités au nom du Grand Orient.

Installation se dit encore lorsqu'une loge reconnaît ses officiers et qu'ils prêtent serment en cette qualité.

INSTANCE. État dans lequel se trouve une loge qui est en demande de constitution au Grand Orient. Cette formalité remplie ses travaux sont réguliers ; cependant une loge régulièrement constituée ne peut avoir de rapports officiels avec elle, ni lui accorder l'affiliation, tant qu'elle est en instance.

INTERSTICE. Espace de temps déterminé pour la promotion d'un grade à un autre.

VOCABULAIRE DES FRANCS-MAÇONS

J

JETON. Récompense accordée à chaque membre actif de la loge, pour son droit de présence. Les règlements de chaque loge en fixent la valeur.

L

LOGE. Local dans lequel se réunissent les francs-maçons. Nom générique de toutes les assemblées maçonniques.

FIGURES ET DEVISES
Qui décorent les Loges

PREMIÈRE FIGURE

TROIS branches, l'une d'Olivier, l'autre de Lauriers la troisième d'Acacia.

DEVISE
Hic pacem mutuo damus accipimus que vicissim.

DEUXIÈME FIGURE
Trois Cœurs réunis.

DEVISE

Pectora jungit amor, pietas que ligavit amantes.

TROISIÈME FIGURE
Trois personnages, la Force, la Sagesse, la Beauté.

DEVISE
Hic posuere locum, Virtus, Sapientia, Forma.

LOGES DE LA CORRESPONDANCE. On appelle ainsi toutes les loges régulières dépendantes du Grand Orient. Une loge particulière, désigne ainsi les loges avec lesquelles elle a des rapports intimes d'amitié, soit par l'affiliation, soit par le dogme maç∴ qu'elles ont adopté.

LOGE GÉNÉRALE. C'est une loge tenue au grade d'apprenti. Tous les frères indistinctement peuvent y entrer ; c'est pour cette raison qu'on l'appelle *assemblée générale*.

LOGE D'INSTRUCTION. Les loges d'instruction doivent se tenir aussi souvent qu'il est possible ; elles sont consacrées à l'étude publique de la franche-maçonnerie, par des conférences sur les dogmes maçonniques, l'examen et la description des instruments, l'explication détaillée des tableaux des grades. Dans ces séances, tous les discours maçonniques sont admis, toutes les idées développées, tous les doutes éclaircis toutes les propositions examinées discutées et résolues. Quand le vénérable et l'orateur sont éclairés et judicieux, une *loge d'instruction* est aussi intéressante que profitable.

LOGE IRRÉGULIÈRE. Elle se compose de maçons qui n'appartiennent à aucune loge régulière.

Les Loges *irrégulières*, c'est-à-dire celles qui n'ont, pas de constitutions maçonniquement légales, ne peuvent avoir aucune communication ni avec le Grand Orient, ni avec les loges qui en dépendent ; elles ne peuvent même s'établir dans les locaux maçonniques qu'il avoue.

LOGE DE TABLE.

Dispositions de cette loge.

La salle où se fait le banquet doit être situe, de façon qu'on ne puisse rien voir ni entendre de dehors. La table, autant que faire se pourra, sera en fer à cheval. La place du vénérable est au sommet, et celle des surveillants aux extrémités.

Le frère orateur se place en tête de la colonne du midi, et le frère secrétaire en tête de celle du nord ; l'Orient est occupé par les frères visiteurs, ou par des officiers de la Loge, s'il n'y a pas de visiteurs.

Excepté les cinq officiers qu'on vient de désigner, personne n'a de place marquée, si ce n'est dans le cas où il y aurait des visiteurs décorés de grades supérieurs, et que l'Orient serait occupé par eux. On placerait les autres visiteurs en tête des colonnes.

VOCABULAIRE DES FRANCS-MAÇONS

Quand chacun a pris sa place, il est à la volonté du Vénérable de porter la première santé ou d'attendre qu'on ait mastiqué le potage, ou tel autre instant jugé à propos. Quand il veut porter la première santé, il frappe un coup de maillet ; à l'instant les frères servants sortent de l'intérieur du fer à cheval, et si retirent à l'occident. (Il en est de même de toutes les santés.) Tout le monde cesse de mastiquer. (*manger*). Le frère maître des cérémonies, communément, est seul en dedans du fer à cheval et vis-à-vis du V∴ pour être plus à portée de recevoir ses ordres et de les faire exécuter : quelquefois il est placé à une petite table entre les deux surveillants. Le frère maître des cérémonies se lave, et le Vénérable dit :

Frères premier et second surveillants faites-vous assurer si nos travaux sont bien couverts.

Chacun des surveillants s'assure de la qualité maçonnique de tous les individus qui sont sur les deux colonnes, en jetant les yeux sur eux et les reconnaissant pour Maçons.

Le second surveillant dit au frère premier surveillant : Je-réponds de ma colonne.

Le premier survenant dit : Très Vénérable, le frère second surveillant et moi sommes assurés des frères qui sont sur les deux colonnes.

Le Vénérable dit : Je réponds aussi de ceux qui sont à l'orient.

Frère couvreur, faites votre office.

Pendant ce temps-là les frères se décorent de leurs cordons ; il n'est pas nécessaire d'avoir de tablier.

Le frère couvreur va ôter la clef de la porte qu'il ferme ; et dès ce moment, personne n'entre ni ne sort plus.

Le second surveillant avertit le premier que les travaux sont couverts, celui-ci le dit à haute voix au Vénérable, qui frappe un coup de maillet et dit :

Mes frères, les travaux qui étaient suspendus reprennent vigueur.

Nota. Si avant de passer au banquet on les avait fermés, il faudrait les ouvrir de nouveau.

VOCABULAIRE DES FRANCS-MAÇONS

Les frères premier et second surveillants répètent l'annonce ; après quoi Vénérable dit :

À l'ordre mes frères.
PREMIÈRE SANTÉ.

Le Vénérable dit : Frères premier et second surveillants, invitez les frères de l'une, et l'autre colonne à se disposer à charger et aligner pour la première santé d'obligation.

Les frères surveillants répètent l'annonce.

Le Vénérable dit : Chargeons et alignons, mes frères.

(*Nota.* Ce n'est que dès cet instant qu'on doit toucher aux barriques, sans cela la confusion se met dans les travaux.)

Chacun se verse à boire comme il lui plaît. Si quelqu'un, par régime ou par goût, buvait de l'eau, rien ne doit le contraindre à changer son usage.

À mesure que chacun s'est versé à boire, il place son canon (le verre) un peu à droite de la tuile (assiette), à la distance du bord de la table, à-peu-près du diamètre de la tuile ; par ce moyen les canons se trouvent alignés en un instant.

On aligne aussi les barriques et les étoiles sur une seconde ligne.

Quand tout est aligné sur la colonne du nord, le second surveillant en avertit le premier qui dit au Vénérable : Tout est aligné sur les deux colonnes.

Le Vénérable dit : L'orient l'est également. *Debout et à l'ordre glaive en main.*

On se lève ; le drapeau est sur l'avant-bras ; les frères décorés des hauts grades le mettent sur l'épaule ; on tient le glaive (si on en a) ou un couteau de la main gauche, et on est à l'ordre de la droite.

Si la table est en fer à cheval, les frères qui sont dans l'intérieur restent assis.

Le Vénérable dit : Frères premier et second surveillants, voulez-vous bien annoncer sur vos colonnes que la première santé d'obligation est celle de S. M. l'Empereur et de son auguste famille ; nous joindrons à cette santé des vœux pour la prospérité de ses armes. C'est pour une santé aussi précieuse pour nous, que je vous invite à faire le meilleur feu possible. Je me réserve le commandement des armes.

Les frères premier et second surveillants répètent l'annonce.
Quand l'annonce est faite, le Vénérable dit : *Attention mes frères* : La main droite aux armes. Haut les armes. En joue. Feu. Bon feu. Le plus vif de tous les feux. En avant les armes. Un, deux, trois. Un, deux, trois. Un, deux trois. En avant. Un, deux, trois.
Ensuite on applaudit par la triple batterie et le triple *vivat*.
Après quoi le vénérable dit : Reprenons nos places, mes frères.
Les surveillants répètent l'annonce.
Tant que les travaux restent en vigueur, il est bien permis de continuer à mastiquer, mais On doit le faire en silence.

SECONDE SANTÉ

Quelquefois, et c'est même le plus convenable pour la commodité de tout le monde, et pour ne pas interrompre le service, le Vénérable commande la seconde santé aussitôt que la première est portée.
S'il ne juge pas à propos de la faire porter tout de suite, il est convenable de suspendre les travaux.
Si Je Vénérable a suspendu les travaux avant de proposer la seconde santé, il doit les mettre en vigueur ; s'ils y sont restés, il la commande tout de suite et dit : Frères premier et second surveillants, invitez, je vous prie, les frères de l'une et l'autre colonne à se disposer à charger, et aligner pour seconde santé d'obligation
Les frères surveillants répètent l'annonce.
Le Vénérable dit : Chargeons et alignons, mes frères.
Les surveillants annoncent quand tout est chargé et aligné, comme ci-dessus.
Le Vénérable dit : Frères premier et second surveillant, la seconde santé d'obligation que j'ai la faveur de vous proposer, est celle de S. M. le roi des Espagnes et des Indes, grand maître de l'Ordre ; de S. M. le roi de Naples et de Sicile, et de S. A. S. le prince Cambacérès, ses adjoints ; des Représentants particuliers du grand maître, des Officiers d'honneur et en exer-

cice qui composent le G∴ O∴ de France. Nous y joindrons celle de tous les Vén∴ M∴ des, Loges régulières et de leurs député ; au Grand Orient, celle des Loges de la Correspondance, celle des Orients étrangers ; nous y joindrons enfin nos vœux pour la prospérité de l'ordre en général. Invitez, je vous prie, les frères de l'une et l'autre colonne à se joindre à moi pour faire le feu le plus maçonnique et le plus fraternel.

Les surveillants répètent l'annonce.

On tire la santé, et on y applaudit comme à la première.

S'il y avait quelques-uns des frères dont là santé a été tirée comme Officiers du Grand Orient de France ; Vénérables de Loges régulières ou Députés de Loges ; frères ont dû ne pas tirer la santé et se tenir debout ou assis ; et quand l'applaudissement est fini, ils demandent à remercier tous ensemble, l'un d'eux portant la parole. Pendant ce remercîment les frères restent debout.

Lorsqu'après avoir tiré la santé, ils ont fait leur applaudissement, la loge couvre cet applaudissement, qui est commandé par le Vénérable.

Quand tout est, terminé, le Vénérable frappe un coup de maillet, et dit : Mes frères reprenons nos places. Alors il est le maître de suspendre les travaux ou de les laisser en vigueur.

TROISIÈME SANTÉ

Dans le moment que les surveillants jugent convenable, et surtout lorsqu'il ne doit pas se faire de service, le premier surveillant frappe un coup de maillet que répète le second, puis le vénérable.

Aussitôt le Vénérable, dits : Que demandez-vous, frère premier surveillant ?

Si les travaux sont suspendus, le premier surveillant prie le Vénérable de les remettre en vigueur, ce qu'il fait en ces mots : Mes frères, à la réquisition du frère premier surveillant, les travaux qui étaient suspendus reprennent vigueur.

Les surveillera répètent l'annonce.

Après cela, le premier surveillant frappe un coup de maillet, qui est répété par le second, puis. Par Vénérable, et dit : Très-Vénérable, voulez-vous bien faire charger et aligner pour une santé que le frère second surveillant, le frère orateur et moi aurons la faveur de proposer.

Le Vénérable fait charger et aligner comme aux précédentes santés. Quand il est informé que tout est en règle il dit : Frère premier surveillant, annoncez la santé que vous voulez proposer.

Le frère premier, surveillant dit : C'est la vôtre, très Vénérable. *Debout et à l'ordre, glaive en main, mes frères.*

La santé que le frère second surveillant, le frère orateur et moi avons la faveur de vous proposer, est celle du très vénérable qui dirige les travaux de ce respectable At∴, et celle de tout ce qui peut lui appartenir ; nous vous prions de vous joindre à nous pour faire le meilleur et le plus amical de tous les feus.

Le second surveillant répète, et dit : La santé que le premier surveillant, le frère orateur et moi avons la faveur de proposer, etc.

L'orateur, répète la même annonce.

Le frère premier surveillant dit : *À moi, mes frères ;* et commande l'exercice, ou en défère le commandement au second surveillant comme il juge à propos : il fait faire l'applaudissement et le *vivat*.

Pendant cette santé le Vénérable reste assis : tous les frères sont restés debout et à l'ordre.

Quand le Vénérable s'est levé et a remercié, le premier surveillant dit : *À moi, mes frères*, et fait couvrir l'applaudissement.

Chacun reprend sa place.

Le vénérable suspend les travaux quand il juge à propos, ou les laisse en vigueur.

VOCABULAIRE DES FRANCS-MAÇONS

QUATRIÈME SANTÉ

Quelque temps, après, le Vénérable remet les travaux en vigueur, s'ils n'y sont pas, et fait charger et aligner pour une santé.

Quand tout est chargé et aligné, il propose la santé des frères premier et second surveillants. Le frère orateur et le frère secrétaire répètent l'annonce.

Le vénérable commande cette santé, tous les frères restent assis ; les surveillants seuls ; se lèvent et remercient. Le frère premier surveillant porte la parole.

Le Vénérable fait couvrir l'applaudissement.

CINQUIÈME SANTÉ

Le Vénérable commande ensuite, à l'instant qui lui paraît le plus convenable, la santé des frères visiteurs. Pendant cette santé, les visiteurs sont debout ; un d'eux remercie.

Le Vénérable fait couvrir l'applaudissement.

On joindra à cette cinquième santé celle des Loges affiliées ou correspondantes ; mais s'il n'y a ni visiteurs ni Loges correspondantes alors on détachera de la sixième santé celle des officiers de la Loge. L'orateur portera la parole pour remercier.

Nota. Après la santé des visiteurs, si quelques frères ont des cantiques à chanter, quelques morceaux d'architecture à lire, ils peuvent le faire en demandant la parole.

Il est même à propos de chanter quelques-uns de ces cantiques moraux qui ont été faits sur le but de la Maçonnerie, et qui, chantés en chœur, portent dans l'âme une douce émotion, en célébrant les agréments et les avantages de l'union maçonnique.

SIXIÈME SANTÉ

La santé des frères officiers et des membres de la Loge. On y joint celle des frères nouvellement initiés s'il y en a.

Cette santé n'est portée que par le Vénérable, les surveillants et les frères visiteurs, s'il y en a ; les officiers et les membres de la Loge sont debout. Le frère orateur remercie pour les officiers, le plus ancien membre, pour les membres ; et l'un des initiés, s'il y en a, pour les autres. On couvre leurs applaudissements :

SEPTIÈME ET DERNIÈRE SANTÉ

Enfin Vénérable prie le frère maître des cérémonies d'introduire les frères servants qui doivent apporter avec eux leurs drapeaux et leurs canons.

Quand ils sont entrés et placés à l'occident entre les deux surveillants, le Vénérable frappe un coup de maillet, invite à charger et aligner pour la dernière santé d'obligation.

Les frères surveillants frappent chacun un coup de maillet, et font la même annonce.

Le Vénérable dit : Chargeons et alignons mes frères, (Chacun charge et aligne.) Quand le Vénérable est averti que tout est chargé, il dit : *Debout et à l'Ordre, glaive en main.*

Tout le monde se lève, donne un bout de son drapeau à ses voisins à droite et à gauche, prend de même un bout des leurs et les tient de la main gauche, ce qui n'empêche pas de tenir de la même main le glaive. Les frères servants font avec les surveillants la même chaîne ; le frère maître des cérémonies étant au milieu d'eux.

Alors le Vénérable dit : Frère premier et second surveillants, la dernière santé, d'obligation est celle de tous les Maçons répandus sur la surface de la terre, tant dans la prospérité que dans l'adversité. Adressons nos vœux au grand Architecte de l'Univers, pour qu'il lui plaise de secourir les malheureux et conduire les voyageurs à bon port. Invitez, je vous prie, les frères de l'une et de l'autre colonne à s'unir à nous pour porter cette santé avec le meilleur de tous les feux.

Les surveillants répètent.

Ensuite le Vénérable entonne le cantique de clôture, dont on ne dit communément que ces deux couplets, et tous les assistants font chorus.

> Frères et compagnons
> De la Maçonnerie,
> Sans chagrins jouissons
> Des plaisirs de la vie.
> Munis d'un rouge bord,
> Que par trois fois le signal de nos verres,
> Soit une preuve que, d'accord,
> Nous buvons à nos frères.
>
> Joignons-nous main en main,
> Tenons-nous ferme ensemble ;
> Rendons grâce au destin
> Du nœud qui nous rassemble,
> Et soyons assurés
> Qu'il ne se boit sur les deux hémisphères,
> Point de plus illustres santés,
> Que celles de nos frères.

Le Vénérable tire la santé comme les précédentes ; *On applaudit et on chante trois fois la dernière reprise.*

Le Vénérable frappe un coup de maillet que répètent les surveillants, et fait faire lecture de la planche des travaux du banquet, demande les observations et fait applaudir ; puis il fait demander s'il n'y a pas de propositions intéressantes pour le bien de l'ordre en général, et pour celui de la Loge en particulier.

S'il sen trouve, on les écoute et on y statue si elles sont courtes, sinon on les renvoie à la première assemblée.

Ensuite le Vénérable fait aux surveillants les trois questions suivantes :

D. *Frère premier surveillant quel âge avez-vous ?*

R. Trois ans, Vénérable.

D. *À quelle heure sommes-nous dans l'usage de fermer nos travaux ?*

R. À minuit.

D. *Quelle heure est-il ?*

R. Il est minuit.

Puisqu'il est minuit, et que c'est l'heure à laquelle les maçons ont coutume de fermer leurs travaux, frères premier et second surveillants, invitez les frères de l'une et l'autre colonne à m'aider à fermer les travaux de la R∴ L∴ de ....à l'O∴ de .....

C'est un usage louable de se donner le baiser fraternel avant de se quitter.

Le Vénérable le donne à son voisin à droite, et il lui revient à gauche.

Puis il frappe trois coups de maillet que les surveillants répètent, fait faire l'applaudissement et le *vivat*.

Enfin il frappe un coup de maillet, et dit : Mes frères, les travaux sont fermés, retirons-nous en paix.

Les surveillants frappent également chacun un coup de maillet et font la même annonce.

Chacun quitte ses ornements et se retire.

LOUFTOT et non **LOUVETEAU**. *En anglais* LWTON. Fils de maçon. Le Louftot jouit des avantages suivants : De pouvoir être reçu avant l'âge exigé pour les profanes. De ne point être sujet à l'examen des commissaires et à la formalité du scrutin. D'être admis à la faveur de ne payer que moitié du prix des grades. D'être adopté par la loge si son père éprouve des revers de fortune.

LUMIÈRE. Ce mot a plusieurs applications en maçonnerie.

Recevoir la *lumière*, c'est être initié aux mystères maçonniques. Donner la *lumière* à un profane, c'est le recevoir maçon. L'an de la vraie *lumière*, ce qui s'écrit ainsi : L'an de la V∴. L∴., manière particulière et symbolique dont les francs-maçons se servent pour dater leurs actes.

Dans le style figuré, fréquemment employé dans les discours et les écrits maçonniques, on donne au Vénérable le titre de *première lumière*, au premier et au second surveillant ceux de *seconde* et de *troisième lumière*.

M

MAÇON DE THÉORIE. Franc-Maçon.

MAÇON DE PRATIQUE. Ouvrier en bâtiments. ; il ne peut devenir *maçon de théorie*.

MAÇONNERIE DES HAUTS GRADES. C'est un développement de la *maçonnerie symbolique*. On l'appelle aussi assez communément la *maçonnerie rouge*. Il est peu de maçons qui ne cherchent à posséder les *hauts grades*.

MAÇONNERIE SYMBOLIQ∴ ou MAÇONNERIE BLEUE : On la désigne ainsi, à cause de celle des hauts grades. Les trois grades d'*Apprenti*, de *Compagnon* et de *Maître* sont inaltérables.

MAILLET. C'est un petit marteau en bois, ordinairement précieux, ou orné, dont se servent, en loge, le Vénérable et les deux Surveillants, en frappant divers coups déterminés pour commander et faire exécuter les travaux d'une Manière précise et symétrique, suivant la liturgie de la maçonnerie.

On dit tenir le maillet, pour exprimer l'exercice de la dignité de Vénérable. *Il a un an, deux ans de maillet, c'est-à-dire, depuis un an, depuis deux ans, il est Vénérable.*

Pour exprimer qu'un tel frère a fait les fonctions de Vénérable dans une telle séance ; on dit : *Il a tenu le maillet* etc. On dit aussi. : *J'ai été reçu sous le maillet du frère N......* C'est-à-dire : *Le frère N.... remplissait les fonctions de Vénérable lorsque j'ai été reçu.*

MAÎTRE DES BANQUETS. Officier de loge. (Voir ses fonctions aux règlements ci-après.)

MAÎTRE DES CÉRÉMONIES. Lorsque cet office est déféré à un frère instruit, et qu'il remplit ses fonctions avec intelligence dignité et affabilité, il contribue beaucoup au maintien de l'ordre de la décence et de la prospérité de la loge. (*V. ses fonctions aux règlements ci-après.*)

MAÎTRISE. Troisième grade de la maçonnerie.

MASTIC. Ce mot, en tenue de table, signifie aliments.

MASTIQUER. Manger.

VOCABULAIRE DES FRANCS-MAÇONS

MATÉRIAUX. Tous les aliments.

MEMBRE ACTIF. Frère qui a voix délibérative, qui est éligible à tous les emplois s'il a le grade de maître, qui jouit de tous les privilèges en payant les contributions ou cotisations exigées par la loge.

MEMBRE CORRESPONDANT. Un membre actif qui part de son orient, est de droit *membre correspondant*. Ce titre peut également s'accorder à tout frère d'un autre orient, lorsqu'il a rendu quelques services à la loge. Peut-être serait-il même à désirer que les loges eussent un *membre correspondant* dans les principales villes de l'Empire, même dans celles des orients étrangers, nos frères voyageurs en tireraient quelques avantages.

MEMBRE DU GR∴ ORIENT. Un vénérable est *membre né du Grand Orient* ; pour être reconnu, tel ; il n'a besoin que de présenter son acte de nomination ; il n'est point sujet au scrutin. Un député, de loge au *Grand Orient* est *membre élu* ; il doit, pour se faire reconnaître, justifier de ses pouvoirs, et pour être admis, subir l'effet du scrutin. Le député cesse d'avoir voix délibérative au Grand Orient, quand le vénérable de la loge s'y rencontre avec lui. L'un et l'autre deviennent officiers du Grand Orient lorsqu'ils réunissent les suffrages.

MEMBRE HONORAIRE. Titre d'honneur. Faveur accordée à un frère qui a rendu des services à la loge, et à ceux des membres qui, pendant le temps prescrit par les règlements, ont payé exactement leurs cotisations.

MÉTAUX. Or, argent, cuivre, etc.

MOT DE PASSE. Chaque grade en a un.

MYSTÈRES. Cérémonies, secrets, figures et allégories de la maçon∴

C'est non-seulement dans le langage que les maçons emploient des figures mystérieuses mais encore dans leurs écrits.

Voici les principales manières d'écrire maçonniquement.

1°. T∴C∴F∴, c'est-à-dire, très cher frère. La T∴ R∴L∴, ou la T∴ R∴ ▫, c'est-à-dire, la très respectable Loge,

VOCABULAIRE DES FRANCS-MAÇONS

2°. L'an de G∴ ou de la V∴ L∴ 5810, c'est-à-dire ; l'an de la grande ou de la vraie lumière 5810.

3°. J'ai la faveur d'être P∴ L∴ N∴ M∴ Q∴ V∴ S∴ C∴, c'est-à-dire, par les nombres mystérieux qui vous sont connus.

4°. A∴ L∴ G∴ D∴ G∴ A∴ D∴ L∴, c'est-à-dire, à la gloire du grand architecte de l'univers.

5° À l'O∴ de Paris, à de l'O∴ de Lyon, à l'O∴ de Rouen, à l'O∴ de Bruxelles, à l'Orient de Paris, Lyon Rouen ou Bruxelles.

NÉOPHYTE. Nom donné à celui qui obtient l'initiation.

O

OBLIGATION. Prêter l'*obligation*, c'est jurer fidélité à l'ordre maçonnique, soumission aux règlements généraux et à ceux adoptés par la loge.

OFFICE. Remplir d'*office* une place quelconque, c'est remplacer momentanément un officier titulaire absent.

OFFICIELLEMENT. Envoyer une députation munie d'un arrêté ou de *pouvoirs* écrits, soit au Grand Orient, soit à une loge, ou à un frère, c'est agir et traiter *officiellement* et d'une manière authentique.

OFFICIER DE LOGE. Frère chargé d'un emploi.

OFFICIER DU GRAND O∴ Membre en exercice du sénat maçonnique ; c'est une qualité accordée par le Grand Orient à un vénérable ou à un député dont on estime les vertus et les talents.

ORATEUR. Quatrième officier d'une loge. (*Voir ses fonctions aux règlements ci-après.*)

ORDRE. Chaque grade a un *ordre* qui lui est propre.

Quand le Vénérable dit : *À l'ordre, mes frères*, il faut que chacun se mette dans l'attitude qui exprime l'ordre.

La Franc-Maçonnerie est réputée un ordre parmi les Francs-Maçons. On dit : *travailler pour le bien de l'ordre. Faire une proposition pour le bien de l'ordre,*

ORIENT. Ce mot signifie ville, en style mystérieux. Ainsi, au lieu de dire, la Loge de N..... à Paris, on écrit, la Loge de N..... à l'Orient de Paris, à l'O∴ un Temple doit être situé de telle manière que son entrée soit en face de l'Orient.

La partie orientale du Temple ; est la place la plus distinguée. On y plage les visiteurs, les membres honoraires et les députés des loges affiliées.

ORNEMENTS. On donne particulièrement ce nom aux tabliers et cordons appropriés à chacun des grades maçonniques ou des dignités d'une Loge.

OUVRIER. On appelle ainsi figurément les membrés d'une Loge.

P

PAIE ou **GAGE.** Demander une augmentation de paie ou de gage c'est demander à être augmenté de grade, un apprenti qui demande à être reçu compagnon demande une augmentation de paie. On se sert de cette locution jusqu'au grade de maître inclusivement : elle est inusitée, pour les grades supérieurs. Cet usage est fondé sur la nature même symbolique des trois premiers grades.

PAVÉ MOSAÏQUE. Pavé du temple. Indication symbolique de la réunion des rangs, des opinions et des systèmes religieux qui se confondent dans la franche-maçonnerie.

PIÈCE D'ARCHITECTURE. On appelle ainsi tout discours qui se prononce en loge, tout écrit sur les mystères de la franc-maçonnerie.

PIERRE BRUTE. Nom du pain dans les banquets. Pierre informe que dégrossissent les apprentis.

PIERRE CUBIQUE. C'est la pierre sur laquelle s'exercent les compagnons. Travailler sur la *Pierre cubique*, en style figuré, c'est être compagnon.

VOCABULAIRE DES FRANCS-MAÇONS

PINCEAU. Plume.
PINCES. Mouchettes.
PIOCHE. Fourchette.
PLANCHÉ À TRACER. C'est un papier blanc orné d'attributs maçonniques, qui est destiné à recevoir un écrit relatif à la franche-maçonnerie.
PLANCHE TRACÉE. C'est une lettre missive adressée à la loge, et généralement tout écrit de cette nature.
PLATEAUX. On appelle ainsi les plats dans les banquets.
PLEUVOIR. On ne se sert de ce verbe en maçonnerie, que dans ce sens : *Il pleut*, c'est-à-dire qu'il y a dans l'assemblée des profanes.
Quand plusieurs maçons parlent ensemble de la maçonnerie, et que des profanes les entendent, celui, qui s'en aperçoit le premier en avertit les autres en disant : *Il pleut*.
PORTE-DRAPEAU. Ce titre se donne à un frère qui, dans les cérémonies, est chargé de porter le *drapeau* ou la *bannière* de la loge.
POUDRE. Boisson. En banquet le vin s'appelle *poudre rouge* ; l'eau, *poudre faible* ; les liqueurs, *poudre forte* ou *fulminante*.
POUVOIR. Acte officiel délivré par la loge à un ou plusieurs de ses membres, remplir une mission en son nom ; il doit être scellé et timbré.
PROFANE. Tout individu qui n'est pas maçon.

Q

QUESTIONS. On appelle ainsi diverses demandes que l'on fait aux profanes, lorsqu'ils sont dans la chambre des réflexions, et auxquelles ils doivent répondre par un écrit.
QUÊTES. *Voyez* CONTRIBUTIONS.
QUOTITÉ. *Voyez* COTISATION.

R

RÉCEPTION. C'est l'introduction d'un profane dans une loge, pour le recevoir et lui faire voir la lumière avec les cérémonies mystérieuses de la maçonnerie et d'après les épreuves usitées.

RÉCIPIENDAIRE. C'est ainsi qu'on nomme la personne que l'on doit recevoir ou que l'on reçoit franc-maçon.

RECONSTITUTION. C'est un titre délivré par le grand orient de France, à une Loge qui, après avoir discontinué ses travaux pendant un certain temps, se recompose et les reprend ; pour obtenir ce titre, il faut présenter un tableau où se trouvent sept frères qui justifient avoir été membres actifs de la loge, lorsque ses travaux étaient en activité.

RÉCRÉATION. Suspension momentanée des travaux.

RÈGLEMENTS. *Voyez* STATUTS ET RÈGLEMENTS.

RITES. Il y en a deux en titres. Le rite *français ou moderne* qui est unique, et le rite *écossais* ; ce dernier compte plusieurs divisions ou rites, tels que le rite *ancien* et *accepté*, le rite de *Kilvinning*, le rite *philosophique*, le rite d'*Édimbourg*, le rite *rectifié*, etc. Les maçons de chaque rite expliquent à leur manière la prépondérance et la bonté de celui auquel ils se sont soumis. Ce qu'il importe de savoir, c'est que le Grand Orient les ayant admis tous, ils se tolèrent mutuellement.

S

SABLE. On donne le nom de *Sable blanc* au sel pilé, et celui de *Sable gris* ou *jaune* au poivre.

SAC DES PROPOSITIONS. C'est un petit sac de soie long et d'une ouverture assez large pour pouvoir y passer la main jusqu'au poignet. À la fin de chaque séance, on le présente à tous les membres présents de la loge, avec invitation d'y passer la main. Si quelqu'un a quelque plainte à porter, quelque grief à exprimer ou quelque proposition utile à faire, sans vouloir être connu, il peut facilement y glisser, à l'insu de l'assemblée, un billet qui en est retiré et lu de suite ; il est mis à l'ordre des délibérations, s'il n'est ni indiscret, ni inconséquent, sinon il est brûlé.

SANTÉS. (*Voyez* LOGE DE TABLE).

SCRUTIN. C'est une boite dans laquelle chaque membre présent met une ballotte blanche ou noire sur les propositions mises en délibération.

SECRÉTAIRE. Cinquième officier de la loge. (*Voir ses fonctions aux règlements ci-après.*)

SERVANTS. (Voyez FRÈRES-SERVANTS.)

SIGNES. Il y en a de particuliers à chaque grade.

STALLES. Nom qu'on donne aux chaises.

STATUTS ET RÈGLEMENTS DE LOGE. Lois particulières conformes à l'esprit des Statuts et règlements généraux de l'ordre, auxquelles tous les membres doivent se soumettre. L'orateur en est le conservateur né ; il doit veiller constamment qu'on n'y porte aucune atteinte.

STATUTS ET RÈGLEMENTS DU GRAND ORIENT. Lois générales de la franc-maçonnerie en France.

SURVEILLANTS. Deuxième et troisième officiers d'une loge. (*Voir leurs fonctions aux règlements ci-après.*)

T

TABLEAU. Grand carré long placé au milieu de la loge, sur lequel sont peintes toutes les parties intérieures et extérieures du temple de Salomon. L'orateur ou tout autre frère qui a la capacité requise, en fait l'explication aux nouveaux reçue, en désignant avec une petite baguette chaque partie-détaillée de ce tableau.

On appelle aussi tableau la liste des officiers et membres de la loge.

TEMPLE. Lieu dans lequel s'assemblent les francs-maçons. Il doit être décoré de tous les attributs de celui que Salomon fit bâtir à Jérusalem.

TÉNÈBRES. On appelle *ténèbres* l'état du monde profane, par opposition à la lumière symbolique dont jouissent les maçons.

TENUE D'OBLIGATION. Jour fixé par la loge pour ses assemblées ordinaires. Tous les frères sont obligés de s'y trouver.

TENUES EXTRAORDINAIRES. Une fête d'adoption, une pompe funèbre, une réception qui veut de l'urgence occasionnent des *assemblées extraordinaires*.

TRAVAUX. C'est sous ce nom que l'on entend tout ce qui se fait dans une loge de francs-maçons, soit dans le temple, soit dans les banquets.

TRÉSORIER. Sixième officier de la loge. (*Voir ses fonctions aux règlements ci-après.*)

TRIANGLE. Les francs-maçons appellent ainsi le *chapeau*.

TRIDENT. On donne ce nom aux fourchettes : on les appelle aussi pioches.

TRONC DES PAUVRES. Boite de fer blanc ou d'autre matière, qui reçoit les offrandes des frères, en faveur des maçons malheureux. On le fait circuler à chaque tenue.

TRÔNE. C'est une place élevée laquelle on parvient par des marches, et couverte d'un dais parsemé d'étoiles, sur laquelle le vénérable siège dans les travaux de la loge.

TRUELLES. On appelle ainsi les cuillères.

TUILER. Examiner un franc-maçon pour s'assurer qu'il est régulier.

TUILES. Dans les banquets ce sont les assiettes qu'on appelle ainsi.

TUILEUR. Officier de loge. (*Voir ses fonctions aux règlements ci-après.*)

V

VÉNÉRABLE. C'est le premier officier dignitaire de la loge. (*Voir ses fonctions aux règlements ci-après.*)

VISITEUR. Un frère visiteur est un maçon étranger à la loge dans laquelle il se présente. On le reçoit ordinairement avec distinction après s'être assuré, de sa régularité.

VIVAT, VIVAT, *semper* **VIVAT.** Cri de joie dont les francs-maçons du rite *moderne* font usage dans leurs cérémonies.

VOÛTE D'ACIER. Cérémonial particulier à la franche-maçonnerie, en tenant élevée la pointe du glaive ou épée, et en la joignant vis-à-vis celle du frère qui est de l'autre côté, de manière que cette réunion de glaives ou épées nues, forme, à-peu-près, une voûte sous laquelle on fait passer les frères que l'on veut honorer d'une manière distinguée.

Le jour que l'on installe le nouveau vénérable, on le fait passer sous la *voûte d'acier*, pour parvenir à l'autel ; et, au moment qu'il fait sa promesse, chaque frère agite légèrement la pointe de son épée contre celle de son voisin.

Nota. Dans les loges écossaises ; l'installation du nouveau vénérable se fait avec un cérémonial particulier.

Lorsque l'on annonce au vénérable qui préside les travaux que le frère qui doit le remplacer demande l'entrée du temple, il invite un maître des cérémonies à se faire accompagner de cinq frères munis d'étoiles et du porte-drapeau, et de se transporter dans les parvis du temple, pour y recevoir le nouveau vénérable.

Les frères revêtus des hauts grades, ou à leur défaut les maîtres, forment la *voûte d'acier* : tous les autres frères se placent par derrière et forment la chaîne.

VOCABULAIRE DES FRANCS-MAÇONS

Tout étant ainsi disposé, l'ancien vénérable quitte le fauteuil. Un naître des cérémonies l'accompagne jusqu'à la *voûte d'acier*, où il entre. Au même instant, le nouveau vénérable entre également sous la voûte par l'occident l'ancien vénérable lui fait le signe d'apprenti ; lui donne les mots et attouchements des trois premiers grades, et l'accolade fraternelle ; puis le conduit à l'autel, où il lui remet le maillet, après avoir rempli les formalités d'usage.

Les deux maîtres des cérémonies n'entrent point sous la *voûte d'acier* ; ils restent à chaque bout pour fermer la chaîne.

Pendant cette cérémonie les frères qui forment la *voûte d'acier*, agitent leurs glaives ; ceux qui forment-la chaîne, chantent un cantique analogue à la circonstance.

Ce cérémonial est infiniment imposant, lorsqu'il est bien exécuté.

VOYAGES. On donne ce nom à une partie des épreuves que l'on fait subir au récipiendaire. Faire les *voyages*, c'est parcourir figurément les quatre parties du monde.

VRAIE LUMIÈRE. Lumière maçonnique.

FIN DU VOCABULAIRE